国家出版基金项目
NATIONAL PUBLICATION FOUNDATION

U0570832

# 记住乡愁
## ——留给孩子们的中国民俗文化

刘魁立◎主编

观

第十辑 民间信俗辑

衣晓龙◎编著

本辑主编 黄景春

音

黑龙江少年儿童出版社

# 序

　　亲爱的小读者们，身为中国人，你们了解中华民族的民俗文化吗？如果有所了解的话，你们又了解多少呢？

　　或许，你们认为熟知那些过去的事情是大人们的事，我们小孩儿不容易弄懂，也没必要弄懂那些事情。

　　其实，传统民俗文化的内涵极为丰富，它既不神秘也不深奥，与每个人的关系十分密切，它随时随地围绕在我们身边，贯穿于整个人生的每一天。

　　中华民族有很多传统节日，每逢节日都有一些传统民俗文化活动，比如端午节吃粽子，听大人们讲屈原为国为民愤投汨罗江的故事；八月中秋望着圆圆的明月，遐想嫦娥奔月、吴刚伐桂的传说，等等。

　　我国是一个统一的多民族国家，有 56 个民族，每个民族都有丰富多彩的文化和风俗习惯，这些不同民族的民俗文化共同构筑了中国民俗文化。或许你们听说过藏族长篇史诗《格萨尔王传》

中格萨尔王的英雄气概、蒙古族智慧的化身——巴拉根仓的机智与诙谐、维吾尔族世界闻名的智者——阿凡提的睿智与幽默、壮族歌仙刘三姐的聪慧机敏与歌如泉涌……如果这些你们都有所了解，那就说明你们已经走进了中华民族传统民俗文化的王国。

你们也许看过京剧、木偶戏、皮影戏，看过踩高跷、耍龙灯，欣赏过威风锣鼓，这些都是我们中华民族为世界贡献的艺术珍品。你们或许也欣赏过中国古琴演奏，那是中华文化中的瑰宝。1977年9月5日美国发射的"旅行者1号"探测器上所载的向外太空传达人类声音的金光盘上面，就录制了我国古琴大师管平湖演奏的中国古琴名曲——《流水》。

北京天安门东西两侧设有太庙和社稷坛，那是旧时皇帝举行仪式祭祀祖先和祭祀谷神及土地的地方。另外，在北京城的南北东西四个方位建有天坛、地坛、日坛和月坛，这些地方曾经是皇帝率领百官祭拜天、地、日、月的神圣场所。这些仪式活动说明，我们中国人自古就认为自己是自然的组成部分，因而崇信自然、融入自然，与自然和谐相处。

如今民间仍保存的奉祀关公和妈祖的习俗，则体现了中国人崇尚仁义礼智信、进行自我道德教育的意愿，表达了祈望平安顺达和扶危救困的诉求。

小读者们，你们养过蚕宝宝吗？原产于中国的蚕，真称得上伟大的小生物。蚕宝宝的一生从芝麻粒儿大小的蚕卵算起，中间经历蚁蚕、蚕宝宝、结茧吐丝等过程，到破茧成蛾结束，总共四十余天，却能为我们贡献约一千米长的蚕丝。我国历史悠久的养蚕、丝绸织绣技术自西汉"丝绸之路"诞生那天起就成为东方文明的传播者和象征，为促进人类文明的发展做出了不可磨灭的贡献！

小读者们，你们到过烧造瓷器的窑口，见过工匠师傅们拉坯、上釉、烧窑吗？中国是瓷器的故乡，我们的陶瓷技艺同样为人类文明的发展做出了巨大贡献！中国的英文国名"China"，就是由英文"china"（瓷器）一词转义而来的。

中国的历法、二十四节气、珠算、中医知识体系，都是中华民族传统文化宝库中的珍品。

让我们深感骄傲的中国传统民俗文化博大精深、丰富多彩，课本中的内容是难以囊括的。每向这个领域多迈进一步，你们对历史的认知、对人生的感悟、对生活的热爱与奋斗就会更进一分。

作为中国人，无论你身在何处，那与生俱来的充满民族文化DNA 的血液将伴随你的一生，乡音难改，乡情难忘，乡愁恒久。这是你的根，这是你的魂，这种民族文化的传统体现在你身上，是你身份的标识，也是我们作为中国人彼此认同的依据，它作为一种凝聚的力量，把我们整个中华民族大家庭紧紧地联系在一起。

《记住乡愁——留给孩子们的中国民俗文化》丛书，为小读者们全面介绍了传统民俗文化的丰富内容：包括民间史诗传说故事、传统民间节日、民间信仰、礼仪习俗、民间游戏、中国古代建筑技艺，民间手工艺⋯⋯

　　各辑的主编、各册的作者，都是相关领域的专家。他们以适合儿童的文笔，选配大量图片，简约精当地介绍每一个专题，希望小读者们读来兴趣盎然、收获颇丰。

　　在你们阅读的过程中，也许你们的长辈会向你们说起他们曾经的往事，讲讲他们的"乡愁"。那时，你们也许会觉得生活充满了意趣。希望这套丛书能使你们更加珍爱中国的传统民俗文化，让你们为生为中国人而自豪，长大后为中华民族的伟大复兴做出自己的贡献！

　　亲爱的小读者们，祝你们健康快乐！

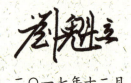

二〇一七年十二月

# 目 录

观音的名号和身世

# | 观音的名号和身世 |

　　我们在全国各地乃至全世界，尤其是亚洲国家经常看到供奉观音的寺庙，有些人家里也会供奉观音像，观音可以说是在佛教里拥有最多信众粉丝。我们经常听到人们对观音菩萨有各种不同的称呼，比如"观音菩萨""观世音菩萨""观音大士""观音娘娘"等等，那么为什么会有这么多不同的称呼，这些称呼又有什么不同呢？要讲清楚这些问题，我们首先要了解观音菩萨的名号。

| 南京清凉寺观音像 |

| 老百姓家里供奉的玉观音 |

## 观音的名号

　　在说观音菩萨名号前，我们先要知道"菩萨"的含义。"菩萨"是梵文音译"菩提萨埵"（菩提，觉、智、道之意；萨埵，众生、有情之意）的略称，意思是道众生、觉有情、大觉有情、道心众生，意即求道求大觉之人、求道之大心人。"菩萨"在佛教文化中并不具有特定指向，而是指向某一类，像我们经常听到"四大菩萨""六大菩萨""八大菩萨"等说法。我们经常听说的"佛"也是个"类"的概念，意为其修为达到了最高果位（佛教用语，指修佛所达到的境界），后来才逐渐专指释迦牟尼佛。而"菩萨"的实位仅次于"佛"。

一般来说，"观世音菩萨"是通行的叫法。"观世音"是梵文的意译，也有译作"观自在"的，如玄奘法师翻译的《般若波罗蜜多心经》里

就称其为"观自在菩萨"。

"观世音"这一名号，通常认为来自《妙法莲华经·观世音菩萨普门品》，该经文中有这么一段："观世音菩萨以何因缘名观世音？佛告无尽意菩萨：善男子，若有无量百千万亿众生，受诸苦恼，闻是观世音菩萨，一心称名，观世音菩萨即时观其音声，皆得解脱。"意思就是深陷苦难中的善男信女，只要念诵观世音菩萨的名号，就可以得到解脱。

那后来为什么又称为观音菩萨了呢？这就跟中国古代的"避讳"文化有关了。在传统社会中，为了显示君王或尊长的威严，规定人们说话时不得直呼其名或在行文中不得直写其名，而以别的字代替或者做缩略。观世

音菩萨被称为观音菩萨就是为了避唐太宗李世民名字中的"世"字，而简称为观音菩萨，此后就一直沿用至今。

此外，观音还有很多其他的称呼，比如燃索、千光眼、施无畏者、大悲者、救苦菩萨、圆通大士、普门大士、白衣大士、南海大士等，这些称呼也大多来自佛经或者与佛经有关。

## 观音的身世

印度佛典所记载的观音有好几种，身世各异。记载观音身世资料最多的首推《悲华经》，据此经所说，观音为远古删提岚国转轮圣王无诤念的太子，名叫不眴。长大后和父王一起随宝藏如来出家修行，后来，父王被授记为阿弥陀佛，不眴太子即被授记为"观世音"菩萨，

西藏博物馆藏传佛教中的菩萨像

国王第二子名尼摩，被授记为"大势至"菩萨。父子三人合称"西方三圣"。按此说，观音菩萨为阿弥陀佛的儿子。经中记太子曾在佛前发誓："愿我行菩萨道时，若有众生，受诸苦恼恐怖等事，退失正法，堕大暗处，忧愁孤穷，无有救护，无依无舍，若能念我、称我名字，

若其为我天耳所闻，天眼所见，是诸众生等，若不免斯苦恼者，我终不成阿耨多罗三藐三菩提。"于是，宝藏如来当众为不昫太子授记道："善男子！汝观天、人及三恶道一切众生，生大悲心，欲断众生诸烦恼故，欲

| 南京牛首山观音像 |

令众生作安乐故，善男子，今当字汝为观世音。"

其次是《观世音菩萨得大势菩萨受记经》，按此经所说，观世音菩萨和大势至菩萨为莲花所化生。经中记云："昔金光狮子游戏如来国，彼国中无有女人。王名威德，于园中入三昧，左右二莲花化生童子，左名宝意，即是观世音；右名宝尚，即是大势至。"

三是《大悲心陀罗尼经》，说观音菩萨是远古时期一位名叫"千光王静住如来"的弟子。这位如来为观音菩萨宣讲"广大圆满无碍"的《大悲心陀罗尼》，并以金色手摩他的头顶，说道："汝当持此心咒，普为当来恶世一切众生作大利乐。"菩萨发愿之后，就具足千手

千眼，同时，十方所有的佛都放光普照其身，从此便成为观世音菩萨。此经中又说，观音菩萨很早以前就已成佛，名叫"正法明如来"，大悲愿力，为欲发起一切菩萨、安乐成熟诸众生故，现作菩萨。

四是《十一面神咒经》，说观世音菩萨过去世中曾"作大仙人""作大居士"。经中说："我时作大仙人，从佛受得此咒，见十方佛，应时证得无生法忍。""又，过去殑伽沙劫，有佛名美音香，我身作大居士，于佛受得此咒，便于生死超四万劫。诵持此咒，复得诸佛大悲智藏、一切菩萨解脱法门。"

五是《不空羂索咒心经》，说观音菩萨为过去"胜观"世界"世主王如来"的

千手千眼观世音菩萨圣像

弟子，经云："往昔九十一劫，有世界名胜观，佛号世主王如来。我从佛受此咒心，教化无量百千子，令趣菩提，以是功德，获十亿三摩地，不空妙智为上首。"

六是《楞严经》，说观音菩萨原为过去世中一个名叫"观世音"如来的弟子。经云："忆念我昔无数恒河沙劫，于时有佛出现于世，名观世音。我于彼佛发菩提心，彼佛教我从闻、思、修，入三摩地……忽然超越世出世间，十方圆明，获二殊胜。""彼佛如来叹我善得圆通法门，于大会中授记我为观世音号，由我观听十方圆明，故观音名遍十方界。"

七是《观世音菩萨往生净土本缘经》，此经疑为后世伪作，但其中所载观音身世的一个故事也广为流行。依据此经故事，观世音和大势至是"早离"和"远离"二兄弟，这两兄弟亲母早逝，后受继母所害，被骗到一个孤岛，兄弟双双饿死，早离由于自己饱受生活折磨，历经磨难，而发愿救助一切受苦众生，最后成为观世音菩萨。

从以上大量佛经典籍所记载可知，在佛教各菩萨中，观世音菩萨是一位十分重要的菩萨，有史可稽。

以上记载观音身世的几部佛经所说的观世音菩萨都是男菩萨，是大乘佛教菩萨中的男菩萨。佛经所说观世音的特点都比较明确，虽然姓名不同，但都一致，如《悲华经》所说，这位菩萨发誓要做的就是免除众生苦恼，救护"无依无舍"的"忧愁孤穷",所以,大乘佛教中的观音菩萨主要就是一位救苦救难的"度一切苦厄"的慈悲菩萨,这和后世的观音菩萨是一致的。

### 观音身边的两位童子

我们在参观寺庙的时候,经常看到在观音菩萨塑像的两边站立着两位孩童模样的人。他们分别为善财童子和小龙女。

### 善财童子

通常站在观音菩萨左边的是善财童子。关于善财童子的身世,民间传说中有很多个版本。

善财是梵文的意译,意思是虔诚的童子,民间称为善财童子。

有一种说法是善财童子是观音菩萨用七颗宝珠化成

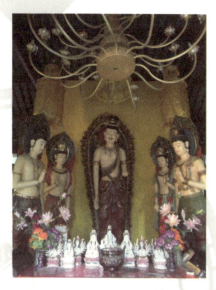

| 南京长江观音景区内的男观音像 |

| 河南平顶山香山寺浮雕上的观音像及两旁的童子像 |

的童子身，农历六月十三日是善财童子出生日，至今已经有五千年以上。

在民间流传更多的版本是来自《华严经》的记载。善财是文殊菩萨曾住过的福城中一位长者的五百童子之一。据传善财出生时，家中自然涌现许多奇珍异宝，因而取名"善财"。没想到善

李唐作"志在菩提"的善财童子画像

财却看破红尘，视钱财如粪土，发誓修行成菩萨。有一回文殊菩萨说法时，善财前往请教如何修行成为菩萨，在文殊菩萨的指示下，善财开始参访五十三位善知识，由此产生了佛经中"善财童子五十三参"的佳话。最后遇到普贤菩萨"即身成佛"。善财在第"二十七参"时遇到了观音菩萨，并从中深受教益，此后随侍观音菩萨左右。因此，很多佛寺为五十三级台阶，寓意就是"五十三参，参参见佛"。

而在明代民间小说《南海观音全传》中，善财童子却是另一番完全不同的面貌。善财是个孤儿，在大华山过着苦行的生活。为了验证他向佛向善的诚心，妙善（也就是观音菩萨）让土地

公公找众仙假扮强盗、恶棍欺凌她并跌落断崖，善财毫不犹豫地随她一起跳了下去，这份诚心善心感动了妙善，善财童子得以随侍在观音身旁。

现在也有很多人认为善财童子是红孩儿，显然是受到了《西游记》中观音收服红孩儿为善财童子故事的影响而杜撰出来的。

### 龙女

龙女通常站在观音菩萨的右边。佛经中记载龙女是娑竭罗龙王的女儿，自幼聪明伶俐，八岁时偶然听文殊菩萨在龙宫讲法，慧根成熟，随后到灵鹫山向释迦牟尼献上宝物，以龙身成就佛道，在法华会上示现佛身。后来为了辅佐观音菩萨普度众生，又由佛身示现为童女身，

随侍观音身右。

还有一种说法是龙女是海龙王的三公主，有一天走出龙宫，变成一条鱼到大河中游玩，不巧被渔翁撒网捕捉，送到集市出卖。她想到从此将永远见不到父母了，十分伤心，便呼唤观音的名字，希望得到拯救。观音闻

| 武义俞源村洞主庙内的观音像及善财童子和龙女像 |

11

|［明］龙女和
善财童子像|

声发慈悲心，现身集市，将
这变化成鱼的龙女买下，放
生水中，使之重返龙宫。龙
女为报答观音救命之恩，决
心永远侍奉观音。

善财童子和龙女后来成
为观音菩萨的左右协侍，是
观音菩萨教化众生的助手，
后来在民间绘画中更成为金
童玉女的象征，甚至"离开"
观音单独出现。

## 观音的性别

现在一般民众说到观音
菩萨的时候经常都是称呼为
观音娘娘，那为什么还要提
出观音菩萨的性别问题呢？
这就要从观音菩萨传入中国
后的本土化说起了。

观音菩萨传入中国大
约是魏晋时期，是随着魏晋
时期净土宗（汉传佛教的派
别之一，认为念佛可以往生
阿弥陀佛净土即西方极乐世
界）的盛行而日益深入人心
的。但是，中国民众接受
印度的佛菩萨并不是全盘照
搬，而是进行了中国本土化
的改造。

以观音菩萨形象来说，
随着佛教在中国本土的发
展，印度的观音形象逐渐发
生重大变化。这个变化就是，
观音菩萨进入中国初期，还

是以"威猛丈夫"男菩萨的形象高坐佛殿神堂，例如甘肃敦煌莫高窟的壁画和南北朝的木雕，观音都是以男子汉形象出现，鼻下唇上绘有胡须。后来，特别是唐宋以后，观音逐渐变为女菩萨，而且是秀美妩媚、慈眉善目的女菩萨。

金华市太平天国侍王府男观音像

随着观音菩萨性别的转换，逐渐产生了观音菩萨源于中国的身世。这就是在中国各地广泛流传的观音为妙善公主说。印度的男观音变成了西域兴林国妙庄王的三公主，也有说她的父亲是春秋时期楚庄王的。种种说法都体现了不同地区的人民对观音菩萨身世故事本土化本地化的创造。这种女观音身世说，最早见于宋代朱弁《曲洧旧闻》。其后，宋末元初

余姚奉虞庵内观音像

的《观世音菩萨传略》成为观音完整的传记。以此为蓝本，还陆续出现了《香山宝卷》《南海观音全传》《观音得道》等一大批观音故事书。这些观音故事的广泛流传，深入人心，致使中国化的女观音菩萨完全取代了印度佛典中的"正宗"的男观音菩萨。

一个观音菩萨在印度、在中国有着互不相同的多种身世，特别是最后由男观音变成了女观音。那么，该如何看待这些不同的说法呢？如果从佛理来理解自然不

南京长江观音景区内的观音像

|山西大同华严寺壁画上的观音像|

|河北定县的送子观音像|

难，佛菩萨无生无死，亦无性别，可根据不同需要变现各种化身。下文我们会详细举例说明观音菩萨的众多化身，观音菩萨以不同的化身去救度不同的众生。观音菩萨既然可以随意变化，那么，她以不同身世出现，由男菩萨变为女菩萨显然也是正常可以理解的。

为什么随着妙善公主的传说流行开来，汉地的观音形象越来越趋向女性化呢？主要的原因是佛教所说的慈悲和女性的某种特性容易让人产生相似性的联想。尤其是在中国，女性象征着慈悲柔和，佛教认为世间的爱是小我的慈悲，而佛教的慈悲是小我的爱的扩大。这是观音菩萨被塑造为女性的重要原因。观音菩萨又称为大慈大悲观世音菩萨，救度一切众生，如慈母爱护自己的儿女一样。所以观世音以女身相，扩大无私的大爱，泛爱广大众生成为菩萨的平等慈悲。

观音菩萨形象在中国本土完成了女性化的转换，也成为后来在中国出现送子观音的重要基础。

观音的化身

# | 观音的化身 |

我们经常看到或者听说观音菩萨有三十二相或者三十三化身，那么什么是化身呢？一般来说，化身指的是佛或者菩萨为了救济不同的众生变化而成的各种形象。那观音菩萨到底有多少化身呢？

佛经中有一部非常重要的经叫《楞严经》，在这部经的第六卷中记载，观音菩萨为了适应各种不同根性及类别的众生，可化现三十二种不同的身相，为之说法教化，计有：佛身，独觉身、缘觉身、声闻身、梵王身、帝释身、自在天身、大自在天身、天大将军身、四天王身、四天王国太子身、人王身、长者身、居士身、宰官身、婆罗门身、比丘身、比丘尼身、优婆塞身、优婆夷身、女主身及国夫人命妇大家身、童男身、童女身、天身、龙身、药叉身、乾闼婆身、阿修罗身、紧那罗身、摩呼罗伽身、人身、非人身等等。而另一部佛经《法华经·普门品》所举的观世音菩萨的三十三身，与《楞严经》三十二身大致相同。其实三十二及三十三都不是定数，而是指观音菩萨有很多的化身。

唐朝以后，开始出现"三十三观音"的说法。下面详细介绍一下"三十三观音"及相关传说和配图，以便于我们以后在不同场合遇到观音像时能分辨出是观音的哪一个化身。文中的配图说明，就不逐一注明了。

1. 杨柳观音：右手持杨柳，踞坐岩上，手持净瓶。

杨柳观音又称圣观音，是观音菩萨第一次显化之身。相传中州地区民风败坏，致使天怒人怨，旱灾严重。

观音菩萨知道后，便前来点化民众，显现真身，并从玉净瓶中取出杨柳枝，蘸着甘露洒向四野，顿时天降大雨，解除旱情。表示观音菩萨对众生怀有慈悲之心，众生如做错了什么事，只要诚心改过，就会得到菩萨的原谅与仁爱。

2. 龙头观音：以不同姿态乘龙显圣于祥云中，是化身天龙之身。

相传东海有一种头像龙身像龟的怪物经常危害人间。观音菩萨知道后，大发慈悲之心，决定为民除害，便来到东海将怪物降伏，并跃上龙头怪物的背现出宝相。于是，从此过上了太平日子的百姓便塑了一尊脚踏龙头怪物的观音菩萨像供奉起来。表示观音菩萨法力无边，乐于为民除害，保佑众生安居乐业。

3. 持经观音：箕坐岩上，右手持经卷若读书。

持经观音又称读经观音。相传唐朝末年，天下大乱。浙江临安有个叫钱镠的人招集乡勇，保卫家乡，但他怕背上"犯上作乱"的罪名而不敢起兵。观音菩萨便托梦指点钱镠，要他二十年后到天竺山接受点化。钱镠依言起兵，并建立了吴越国。他如约来到天竺山，却只见到一个坐在石上念经的僧人，钱镠知道缘由后，便在那里建了一座看经庵，内奉一尊观音持经塑像。表示只要众生心怀天下，就能成就天下大事，只要众生多积功德，观音菩萨就会保佑众生心想事成。

4. 圆光观音：身后有火焰圆光，大放光明。

相传闽南有一山村，人们以打猎为生，但山中有一

只怪兽经常趁人们进山打猎时到村子伤害小孩。观音菩萨知道后，便化身一个小孩来到村口，等怪兽进村伤人时，现出身后烈焰闪烁的宝像，将怪兽降伏。表示众生只要临危不乱，树立必胜信念，观音菩萨就会保佑众生解除灾难。

5. 游戏观音：五色祥云上箕坐或漫步自在形。

游戏观音又称三面观音。相传观音菩萨云游到洛阳城内，取出一面宝镜，声称只要人们拿出三文钱，就可以从镜中照见自己的过去与来生。等人们一一照过惊疑不定之时，观音菩萨现出宝相，但人们看到菩萨的相貌却是有嗔有怒有喜，大不一样。于是，人们便用菩萨没有拿走的钱塑了一座三面观音像供奉起来。表示观音菩萨告诫众生不要以为做了恶没人知道，要多做善事，所谓恶有恶报，善有善报，没有人逃得了因果报应。

6. 白衣观音：敷草坐岩上，左手持莲花，右手结与愿印，身着白衣，处白莲花之中，或结定印以为是比丘与比丘尼的化身。

白衣观音又称白衣大士。相传中原兵乱，无辜百姓死伤无数，到处都是孤魂野鬼，不得安宁。观音菩萨在鬼节的那天来到中原，现出一袭白衣的宝相，超度冤魂。表示观音菩萨怀有纯净的菩提之心，接引众生往生西方极乐世界。

7. 莲卧观音：双手合掌，在莲叶上作半卧姿。

相传有几个盗贼偷光了多宝观音像上的宝物，便将塑像扔进了长江。金陵有个叫潘和的商人一心向佛，只求生个儿子，得到观音菩萨点化的他来到江边捞起了菩萨的法像，并将一块石荷叶

雕成莲花宝座，但由于观音法像已受到损伤无法直立，只好侧卧在莲叶之上。一年后，潘夫人如愿生下一个男孩。表示观音菩萨对有心向佛的众生有求必应，求财者得财，求子者得子。

8. 泷见观音：在高山倚岩而坐，眺望流泉飞瀑。

便送到寺庙供奉起来。从此那里便风调雨顺，人畜平安。表示观音菩萨关注众生的苦难，保佑众生五谷丰登，人畜安康。

9. 施药观音：常为右手拄颊深思，左手放在膝上捻莲花，表示观音无时不在惦念世间疾苦，考虑拯救众生。

相传杭州有个叫胡家庄的地方，有个农夫在耕地时挖出了一尊碧琉璃观音像，

施药观音又称施乐观音。相传山东登州府瘟疫盛行，许多病人不治身亡。观

音菩萨化身卖药的老翁前来救治，用了两三个月的时间才把瘟疫根除。表示观音菩萨无时不在惦念着世间疾苦，解救众生于病痛之中。

10. 鱼篮观音：脚踏鳌鱼背上，手提盛鱼的竹篮，或为手提鱼篮的民间少妇形象。《西游记》中对此形象有发挥，因而在民间影响很大。

鱼篮观音又称马郎妇观音。相传东海之滨的人们身居化外，不知礼仪。观音菩萨便化作一个美丽的渔妇前来点化。菩萨承诺谁能背诵她所教的佛经便嫁给谁做妻子，结果有一个叫马郎的渔夫如愿以偿，并最终得到了菩萨的点化。表示众生做任何事都要有信心，只要树立坚定的信心，就能得到观音菩萨的帮助，同时也能影响周身的人们。

11. 德王观音：跌坐岩畔，右手持杨枝，左手置手脐前，表三十三身之梵王。梵王乃色界之主，其德殊胜，故称德王。德王观音是观音化身中的梵王身，象征着福与禄。表示观音菩萨乐于满足众生的愿望，保佑众生福禄双全。

相传唐朝年间，淮西叛乱。朝廷派兵进剿，多次溃败。当地百姓身陷战乱，民不聊生。当时任朝廷小吏的裴度，到观音庙去烧香求签，观音菩萨即现出"梵王"之身，用灵签指点裴度平息叛乱，救百姓于水火之中。裴度得胜回朝后，宪宗皇帝封爵位为晋国公，勋位为上柱国。裴度为感激观音菩萨大慈大悲的恩德，在淮西建了

一座德王观音庙，保佑一方苍生。

12. 水月观音：作观水中月形状，以喻诸法如水中月而无实体。

相传观音菩萨在杭州城内的河中显现宝像时，恰巧有一个叫丘子靖的画家也在河边观看。为了让世人共瞻菩萨宝像，他便将观音菩萨在水月中示现的宝像画了出来。后来，不少百姓纷纷前

来求画，并供奉在家中。表示众生只要心中有佛，观音菩萨就会在众生的身边永保众生的平安。

13. 一叶观音：又作莲叶观音、南溟观音，乘一片莲叶漂浮水上。

相传有个叫贾一峰的商人得到菩萨的点化后，便到各地朝礼名山，他因感念菩萨的点化之恩，每到一处便会雕刻一尊他曾经看见过的

观音法像。他雕刻最多的便是一叶观音。表示观音菩萨为普济众生，不辞劳苦。

14. 青颈观音：其像为三面四臂，所持之物为杖、莲花、轮、螺四种，身色为红白，颈为青色。据传为观音降魔解救众生，为不使毒药传世害人而吞食，致使颈呈现青色。

青颈观音又称青头观音。相传有个叫贾一峰的商

人梦见一位一首三面的青颈菩萨对他说了四句偈语：逢桥莫停舟，逢油即抹头。斗谷三升米，青蝇捧笔头。贾一峰按菩萨的指点平安回家后，头抹香油与妻子一起睡觉，晚上前来杀他的康七因闻到香油味儿而误杀了自己的情妇贾妻。官府怀疑贾一峰杀了妻子，要将他打入死牢，就在县令落笔时，一群青蝇飞来抱住笔头。县令问明缘由后，最终找到了真凶。表示观音菩萨保佑众生逢凶化吉，遇险化夷。

15. 威德观音：箕坐岩畔，左手持莲花。

威德观音是观音化身中的天大将军身。表示观音菩萨保佑众生度过眼前的一切障碍和危难，从而走上平安的坦途。

16. 延命观音：倚水上之岩，右手支颈，头戴宝冠设阿弥陀佛之圣像。

相传太仓有许多小孩患了痧疫，观音菩萨知道有一种赤栝柳可以治病，便化身一位老翁前来送药治病。当地人们为感谢菩萨的恩德，便塑了一尊手持赤栝柳的观音宝像供奉起来。表示观音菩萨乐于帮助众生消除灾难，保佑众生延年益寿。

17. 众宝观音：跌坐地上，右手向地，左手放于弯膝上。

相传江北百姓凶残贪财，观音菩萨便化身一个带着许多财宝的和尚前来点化。一伙贪婪的歹徒见到后，便把财物抢劫一空，没想到财宝拿回家后全都化为灰烬。表示贫富自有天命，不可强求。只要是正当的愿望，观音菩萨都会让众生得到满足。

18. 岩户观音：端坐于岩洞中，静思入定。

相传有个叫吴璋的孝子为了寻找母亲历尽千辛万苦。有一次，吴璋在途中被毒蛇咬伤，生命垂危，观音菩萨念其纯孝，便现出大慈宝相，将吴璋救醒，最终让他们母子团聚。表示观音菩萨保佑众生免受蛇蝎等毒物的侵害。

19. 能静观音：伫立岩畔，两手按一岩上，望海沉思。

能静观音象征静慧如海，不为烦扰所动。表示观音菩萨保佑众生度过世间的烦扰，求得内心的永远安宁。

相传开封城有一姓张的大户人家，张家有三位公子，相继娶回三位儿媳，但从儿媳进门之日起，就和婆婆经常争吵，家庭不和，吵闹影响邻里，引起众人反感。观音菩萨化作一个化缘的"比丘尼"来到张家，向婆媳们说了四句偈子："静慧如海累难修，百千万劫化阎浮。心中常念观自在，甘露遍洒自圆融。"张家婆媳细细品味偈子意境，经观音菩萨点化之后，张家婆媳不再争吵，从此相敬如宾，家庭和睦。

20. 阿耨观音：左膝倚背在岩石上，两手相交，远眺海面。

相传观音菩萨化身一个化缘的和尚来到扬州地界，看到一处煤矿即将塌方，立即告诉矿工此处危险，可矿工们都拿异样的眼光看他，不予理睬。于是他便找到工头，但工头怕延误工期，对观音的警告很是生气，埋怨她多管闲事。观音便化身为一个卖馒头的美丽少女，对

矿工喊道："又甜又香的热馒头，免费送吃。"矿工们惊奇还有这等好事，都争相跑出来抢吃馒头。随后就听到轰隆一声，煤矿塌方了。矿工们都惊出了一身冷汗，再转回头来看送馒头的少女，已不见踪影，只见观音菩萨端坐云端，祥云梵音，袅袅飘去。

21. 阿摩提观音：常乘白狮而身放火光之像，四臂分持摩竭鱼、白吉祥鸟、凤头、箜篌。为密宗所奉，表无畏之义。

阿摩提观音又称狮子无畏观音。相传观音菩萨云游到河南登封县时，正碰上李全的军队攻打少林寺。为使佛门净地免受兵祸，观音菩萨便在山顶现出提棒骑狮的宝相，帮助少林寺僧人杀退

敌兵。后来，少林寺内便供奉一尊手提宝棒怒目嗔容的观音塑像。表示观音菩萨匡扶正义，惩治邪恶。所谓邪不压正，只要正气凛然，就能无畏无敌。

22. 叶衣观音：敷草坐岩上，身穿千叶衣。

相传长安有一对孤儿寡母，丈夫患肺痨去世了，母子二人无依无靠，以乞讨为生，城中开米粥铺的何氏夫

妇收留了他们，把母子二人留在粥铺里帮忙，何氏夫妇还经常把每天剩下来的粥救济那些没有饭吃的穷人们，百姓都说何氏夫妇是大好人，一定会好人有好报。这一件件善事都被观音菩萨天耳所闻，天眼所见，于是菩萨化身一位达官贵人，赐何氏夫妇一件碧玉如意，保佑他们生意兴隆，无病无灾，修习祈祷，健康长寿。相传

观音菩萨身披一件八万四千功德衣，把众生所做的每一件善事都记录下来。

23. 琉璃观音：又称香王观音、高王观音。两手捧一琉璃壶，乘一莲瓣浮于水上。

相传一峰和尚得到观音菩萨点化后，便云游四海，宣扬佛法。有一次，他来到东海之滨，正想找一块奇石雕刻观音宝像，却见海浪之间飘来一尊琉璃观音像，他便捞起来送到附近的寺庙中供奉起来。表示心诚则灵，只要心诚，观音菩萨就会帮助众生实现自己的心愿。

24. 多罗尊观音：多罗意为"眼"，此化身为中年女像，合掌持青莲花，为密宗所奉。

多罗尊观音又称多眼观音，象征观音菩萨能够观照世间一切，无所不察。表示观音菩萨知晓世间的一切善恶，并对众生惩恶扬善。

相传北宋末年，朝廷为抵抗金兵入侵，四处抓壮丁从军打仗，一位老阿婆的三个儿子都被抓去从军，留下儿媳和孙子相依为命，老阿婆坐在家门口天天盼着儿子早日归来，长期以泪洗面，由于思儿心切，眼睛渐失光明。观音菩萨怜其苦难，化作一个赤脚大夫为老阿婆治好了眼病，也保佑阿婆的儿子从战场上平安归来。

25. 蛤蜊观音：居于两扇蛤蜊壳中，或乘于蛤蜊之上渡海。此像缘出唐文宗食蛤，遇观音现于其中的故事。

相传唐文宗爱吃蛤蜊，

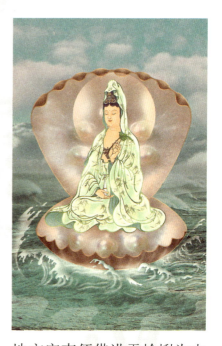

地方官吏便借进贡蛤蜊为由而鱼肉沿海渔民。观音菩萨便隐身蛤蜊内，文宗见到蛤蜊内的观音宝像后，大惊之余，便下旨取消进贡蛤蜊。表示观音菩萨对众生怀有怜悯之心，乐于救苦和劝善。

26. 六时观音：作居士装束。以佛教徒每日六时（晨朝、日中、日没、初夜、中

夜、后夜）奉供不断，故名。表示观音菩萨在这六时之中格外挂念护佑众生，并普为施惠。

27. 普悲观音：衣端受风立像。

普悲观音又称普慈观音，是观音化身中的自在天身宝相。象征三界的最高神祗。表示观音菩萨对众生怀着一视同仁的慈悲之心，保佑众生平安度世。

28. 合掌观音：合掌立像。象征观音菩萨时刻心怀着众生的疾苦。表示观音菩萨乐于化解众生的一切苦难，实现众生的良好愿望。

相传在湖州有一对邻居，张木匠是做木工的，陈老汉是种果树的，可两家屋子挨得太近，经常为了各自屋子的面积大吵大闹，成了一对冤家，从此再不来往。观音菩萨化作一个很有钱的

印，能制伏雷电等。配图多画有雷电降电与观音场面。

商人来教化两人，他买陈老汉多余的木材，很便宜地卖给张木匠，又花钱请张木匠介绍很多亲戚朋友来买陈老汉的水果，渐渐地两家有了往来，以前的隔阂也都消除了，成了鱼水之亲，谁都离不开谁。这时观音菩萨现出合掌法相，教化人们和衷共济，和谐相处。

29. 一如观音：形象为乘云飞行空中，右手持说法

一如观音寓意不二为一，不异为如，是为一如，即真如之理。表示观音菩萨观照众生的一切，对众生一视同仁的惩恶扬善。传说此观音保佑唐三藏西天取经，三藏经历饥渴、刀兵、牢狱、情爱、鬼怪九九八十一难之后仍信念不灭，誓取真经。诚心终感动菩萨，使之修性

成佛，得成正果。

30. 不二观音：双手相叉或低垂，在水中立或坐于莲叶之上，身着天衣，飘然自得地浮于水面。表示观音菩萨道行精深，佛法无边，保佑众生消灾消难，福寿无边。此化身警示众生修炼要专一，不管如何修行，都不能够掺杂其他的东西，才能获得真理。

相传唐朝有位法号为"善导"的大师，潜心修佛，十九年闭关不出，一日，善导静坐，忽从头顶泥丸宫中冒出缕缕烟气，冥冥之中感受到观音菩萨讲经说法，善导大师浑然自觉悟透佛学宗旨，创立"净土宗"，后被称为莲社第二地祖。

31. 持莲观音：手持一莲花，站或坐在莲叶上，多

为容貌姣好的少女形象。表示三十三身之童男童女身。将纯真的少男少女比喻为莲花之花蕾，可感受到怀着纯净菩提心的持莲观音期待花儿盛开之心愿。

32. 洒水观音：一手持瓶作泻水状，一手作法印，或持杨枝。

洒水观音又称滴水观音。相传姑苏有数十万百姓惨遭金兵杀害，观音菩萨便化身一位美丽少妇前来建台诵经超度，将甘露功法水遍洒四方，让亡灵往生乐土，并在河中显示宝相。于是姑苏人便在观音菩萨诵经的地方供奉一尊诵经洒水的观音法像。表示观音菩萨乐于救赎众生，即解除生者的苦难，还超度死者的亡灵。

33. 马郎妇观音：马郎妇观音即鱼篮观音。

关于观音的化身在不同

地区还有南海观音、普陀大士、普度观音、紫竹观音、六观音、七观音等说法，这些说法都跟各个地区的文化有关，显示出观音文化具有地域性的特征。在这里，我们再说一下送子观音。

在全国各地的庙宇中，我们可以看到只要供有观音像，一般会在观音像的脚下摆放着一些泥塑或者面塑的娃娃，这是一种叫作"拴娃娃"的习俗。婚后未孕的妇女会在特定的日子来到庙里，拜完观音像后，用一条红色的丝绸拴住一个娃娃并带回家，祈求能够尽快怀孕生子。有的地区的观音像脚下会摆着小鞋子，这是来求子的人供奉的，在这些地区，鞋子的发音近似孩子，所以被认为供奉鞋子也有得到保

南京长江观音景区内的拴娃娃习俗的塑像

送子观音

丰子恺　作

|浙江省武义县
麻田村天尊殿内
观音像脚下的小
鞋子|

|浙江省武义县
麻田村天尊殿内
观音像脚下的小
鞋子|

|河北涉县娲皇
宫娲皇圣母|

佑尽快怀孕的功效。

如上文所说，观音菩萨在印度本为男性形象，到了中国后，逐渐演变成女性的形象，而且承担了在印度也不具备的保佑生子的"送子"的任务。主要原因是中国传统观念中认为传宗接代是男女婚配的主要任务，而生儿育女是妇女之事，加上中国民间文化中历来有"送子"功能的神大多是女性神（也

| 碧霞元君－泰
山老奶奶 |
泰山碧霞祠张诚达
道士提供

有部分男性神也具有送子功能），比如女娲娘娘、碧霞元君等等。观音菩萨在本土完成性别转换后，也逐渐被认为有"送子"的功能，所以就出现了观音菩萨在中国有送子观音。

观音的传说

# | 观音的传说 |

如前文所说，观音菩萨信仰是"半个亚洲的信仰"，在中国很多地区都可以听到关于观音菩萨的传说。除了上一部分说到的那些观音化身救度众生的传说外，我们再整理一些有代表性的观音传说。首先我们先说一下观音菩萨的生日到底是哪天。

| 杭州中天竺寺内的千手观音像 |

## 观音的生日传说

我们经常听说观世音菩萨有三个生日，分别是农历的二月十九日、六月十九日和九月十九日。为什么一般人只有一个生日，而观音菩萨会有三个生日呢？这三个生日是观音菩萨传说中非常重要的三个时间。关于这三

| 北魏观音菩萨像 |

个生日的民间传说中有很多个版本，我们现在介绍其中的一个版本。

农历二月十九日，这一天是观音菩萨降生为人的日子。一般佛门弟子称二月十九日是观音诞生日，所以二月十九日的观音会，少妇或久婚未孕的女子会前往求子。

观音菩萨的降生地有好

髹漆观音像
浙江省非物质文化遗产传承人钟宏云作品

几个说法，比较著名的有今山东淄博、今河南平顶山、今甘肃西和县等。关于观音菩萨降生为妙善三公主有如下传说：

公元前610年农历二月十九日，"春秋五霸"之一的楚庄王（也有说是妙庄王的，民间传说中还有多个不同版本）夫人宝德娘娘诞下三公主。宝德娘娘在受孕的时候，做了一个梦，梦到吞下一轮明月。三公主降生之时，天空出现五彩祥云笼罩着王宫，祥云散发出来的光芒洒满了周边山林，山石树木都是一片光明，宫里更是芳香四溢。三公主降生后，没有清洗就很干净，五色祥云覆盖在三公主身上，天上飞来一群吉祥的鸟儿在宫外盘旋飞舞。因为这位公主是楚庄王的第三位公主，在她前面还有两位姐姐，即长女妙缘、次女妙音。楚庄王给这位三公主取名为妙善。

农历六月十九日，这一天是观音菩萨证得果位即成道的日子，原来指的是观音菩萨漂南海之日。关于妙善三公主成道有传说如下：

妙善三公主出生后，深得楚庄王和宝德娘娘喜爱，不知不觉长到了十六岁，长得端庄秀丽又天生聪慧过人。楚庄王想为妙善公主招一驸马继承王位。妙善公主不从，决意持斋修行。庄王大怒，就罚妙善公主到后花园挑水、浇花、扫地，不让仆人给她送水送饭，想让妙善公主断了修行的念头。但是饥饿劳累并未改变妙善公主的修行决心，以花叶为食，

后花园就成了她清净修行的道场。

楚庄王无奈，只好假意送妙善公主到白雀寺出家。楚庄王暗地示意白雀寺住持惠真要设法难为妙善公主，好让她回心转意。却没想到，妙善公主在白雀寺苦修后，

敦煌壁画中的观音菩萨

决心更加坚定了。楚庄王大怒，就火烧白雀寺，想逼妙善公主出寺还俗。惠真让全寺僧人掩护妙善公主及其仆人从水道沟中逃出，并告知公主西南不远的火珠山是其修行证道之地。而白雀寺和全寺五百多僧人化为灰烬。这一天就是农历六月十九日。农历九月十九日，这一天是观音菩萨出家的日子。

话说妙善一行逃离白雀寺后来到火珠山上继续修行。三年后，楚庄王突然得了一种怪病，吃什么药都不见效，眼看快要不行了。国师说，这个病必须要用尚未婚配的亲生骨肉的手眼作药引了才可治愈。想起二年前葬身火海的妙善，楚庄王夫妇后悔不迭。

正在这时，宫门卫兵报告，说有一个自称道行高深的道人亲来拜见，说自己的手眼与大王亲生骨肉等同，能治好大王的病。大王喜出望外，急忙相请。卫兵回来时，道人已将双目抠出，又自断左手而去，早已没有踪影。宝德娘娘接过手眼，一眼看到左手心的胎记，大哭起来。这是妙善三公主的左手！妙善没有被烧死，还活在这个世间，不记恨父母火烧白雀寺，还舍身救父！

楚庄王得知真相后，夫妇二人抱头痛哭。楚庄王说："都是我残忍无道，让心爱的女儿承受手眼不全之苦，恳求天地神让我女儿枯眼重生，断臂复完。"庄王发完愿后，天地震动，光明照耀，祥云周复，天鼓发响，宫内一片光明。楚庄王顿感身体轻松，疾病全无。猛然想到可怜的女儿，忙令快马追去。卫兵顺着血迹追至火珠山脚下却不见了踪迹。

妙善舍手眼救父后回到火珠山上，因大孝而感动了天地。但见燃灯古佛含笑在天空，妙善也自觉功德已圆满，三天后即农历九月十九日将要成道。于是便告知山下的百姓。楚庄王得到消息后，携百官和御林军数千人同闻讯赶来的数万百姓早早地来到火珠山上。只见妙善早已端坐在事先垒好的石台之上，仆女立在两旁。野兽不知什么时候已停止了吼叫，猿猴也早已不再啼鸣，百鸟也不知什么时候鸦雀无声了。楚庄王夫妇及其数千随从和数万慕名来的百姓，男女老幼互相搀扶着静静地立在山前，翘首注视着眼前这位慈悲善良，仁爱至孝又能给天下苍生带来福祉的传奇公主。他们多多少少地听说过佛法，但从没有听说过什么是证道，根本不清楚也想象不出来修佛证道后对自己和对天下百姓有什么好处。他们很多人是怀着好奇的心理想亲眼看看这些。一向以端庄秀丽著称的美丽公主，明亮有神且善解人意的一双大眼睛不见了，空空荡荡的眼眶里不停地渗出两行鲜血。纤纤洁白的一双玉手少了左边一只，左手关节处还不停地往外溢出鲜红的血滴，染红了妙善公主的衣服。可妙善一动不动地安详盘膝端坐在那里，好像什么事情也没有发生一样没有丝毫的痛苦。

接近午时，奇妙的天乐由远而近，无数的天神在云端里也现出真身，他们都合掌立于彩云之上。无数佛菩萨身带七彩的光环也乘祥云前来赞叹，五彩缤纷的花瓣自天空而降，落到大地则消失不见。无数的吉祥鸟成群而来。一只凤凰带着五颜六色的光辉自西天而来，口中

观音菩萨像（金箔浮雕）

衔一羊脂般的宝瓶，瓶中插着一枝翠绿的杨柳。飞临妙善头顶时宝瓶缓缓落下。凤凰在空中盘旋着，鸣叫着和雅的音声。

在宝瓶落下的瞬间，妙善轰然从其头顶跃出，手眼自全。霎时异香阵阵，笼罩了满山遍野。群众沸腾了，纷纷向妙善自动跪下，学着天神的样子双手合十。只见妙善头顶放着七彩的光环，左手持宝瓶，两旁站着仆人，立在虚空之中。妙善拔出碧绿的柳枝，蘸着宝瓶中的甘露洒向万民。人群中不知谁说了声"观世音菩萨！"霎时"观世音菩萨！"的呼声在人群中传开了，呼喊声一浪高过一浪，覆盖了群山，震动了天地！

甘露洒处，久治不愈的

疾病痊愈了。盲人看见光明，聋人听到了天乐，人心从来没有过这样安详，也从来没有过这么和谐。人们一下子觉得返璞归真了，什么争斗、不平、名利、地位、仇恨、忌妒，好像都与自己没有关系了。人性一下子变得如此友善。

至此，妙善三公主正式得道成佛。这一天是农历九月十九日。

在这三天，各地善男信女结伴前往观音殿烧香膜拜。当天，各大寺庙都会比其他时间更早开启寺院大门，迎接来寺进香祈福、纪念观音节日的信徒与广大佛教信众共同举行大型的观音菩萨纪念活动。

### 2. 其他观音传说

随着观音菩萨信仰在中

云南德宏芒市金塔内的木雕观音像

余世龙　摄

国各地的传播，观音也逐渐从佛教世界进入到百姓世俗生活，并慢慢地在民间产生了很多民间传说，有些传说鲜明地体现了民众信仰世界中儒释道三教合一的特点。这些传说或为风物传说或为神仙人物传说或为习俗传说，千姿百态，妙趣横生，成为中国观音文化必不可少的内容。下面采撷几则，一起欣赏。

### 争抢下凡当家

很早以前，天和地是合拢在一起的，传说是盘古分开了天地。刚分天地的时候，观音和弥勒都抢着到地上去当家。

玉帝看见他俩都抢着要

余姚广墅庙内的观音像

当家，就对观音讲："让弥勒去当家吧！"观音说："他当得来什么家？拨拨动动，呆头呆脑的，还是我去当吧！"玉帝说："你太乖了，还是让弥勒去吧！"观音讲："这样好了，我们各自种两株花，谁先开，就让谁去当，行吗？"玉皇大帝答应了。

观音菩萨拿了两个花盆，放好烂泥，种上两株花。她和弥勒菩萨背靠着背坐好，各自面前都摆着一盆花。此时，观音菩萨开始用计谋了，她说："我们眼睛都眯好，眯到一炷香点完，再睁开眼，看谁的花先开谁当家。"弥勒说："好的。"弥勒是直肚肠，他老老实实闭上了眼睛。而观音菩萨呢，一炷香点到还剩一寸左右时，就偷偷睁开了眼睛。她一看，不好，弥勒面前的花已经开了，而自己面前的花却还没开。观音悄悄把两盆花一换，又闭上眼睛，还特意说："弥勒，香点光了吗？""快点光啦！"观音又说："那么我们睁开眼睛吧，不知谁的花先开了？"弥勒佛的眼睛先睁开，观音迟迟才睁开。弥勒一看，说："我的一盆花被偷换了。""被偷换了？怎么办呢？"弥勒说："我也不知道，要不去问玉帝。"

观音和弥勒来到玉帝面前，观音说："玉帝呀，花是我先开，我去当家啦！"弥勒说："让观音当家也好，可就出现盗贼了。盗贼下界必会有贼心，子子孙孙就难弄啦！"玉帝说："这咋办呢？养狗防盗贼吧，把狗从天上放下去。"于是，观音菩萨带着狗下凡了。

观音刚下凡，地上还没人，天上就放了许多虫子，虫子又变成人，由观音菩萨养着。那时食物只有麦子，而且人不能吃，是给狗吃的。这样，人就会饿死。玉皇大帝便让牛下来传话："人一月只可吃三餐，不够就吃点心。"可牛传话时却成了一日吃三餐，不够便吃点心。待牛重回到天庭，玉皇大帝问牛是怎么讲的。牛说："你叫我说一日吃三餐，不够就吃点心。"玉皇大帝一听便火了，说："我叫你说一月吃三餐，不够则吃点心。照你这样的说法，老百姓种田都来不及了，这样吧，你下去帮她。"说完，一脚把牛从南天门踢下去，牛头先着地，嘴上的门牙全都跌落殆尽。所以，牛便没有了门牙，而且每日辛辛苦苦，帮助人类耕种，一直到今天。

这则传说把神佛人格化，让观音菩萨和弥勒佛争抢当家权，显得可亲可爱，最后还顺便解释了为什么牛没有门牙的这一特征，虽然不能当作正规的生物学知识来看待，但是读来也是很有

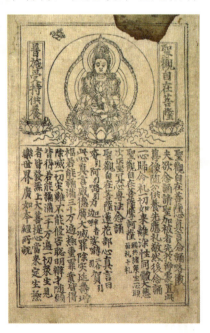

| 敦煌经卷中的观音菩萨 |

趣的。

## 二龟听法石

在普陀山上有两块形状像海龟的石头，叫"二龟听法石"，是普陀山上一处景点。

很早很早的时候，普陀山上还没有僧俗寺院，观音独自修道，每天夜里端坐在磐陀石上念经。在那星光灿烂之夜，月色朦胧之时，她的声音更加优美动听。观音念经的声音，吸引了山上的飞禽走兽、海里的鱼虾蟹鳖。每当观音念经时，它们便纷纷来到磐陀石周围，观音不走，它们不散。

这个消息传到了东海龙宫里，海龙王好生惊奇。一天夜里，他悄悄来到莲花洋，果然发现许许多多水族，如痴如醉地抬着头，在听观音

念经。海龙王想，这观音念的是什么经呀，竟能打动水族的心，若能把它弄到手，坐在水晶宫里念念，那些水族就会更听我的话了吧。

海龙王越想越美，乐滋滋回到水晶宫，当即召见龟丞相，要他设法将观音念的那部经偷回来。

龟丞相伸伸脖子，拍着胸脯对海龙王说："这好办！九九八十一天以后，我一定把那部经偷来献给您！"龟丞相手下有两只海龟，记忆力极强，龟丞相叫他们每天晚上去偷听观音念经，天亮以前回龙宫复命。

两只海龟奉命偷经。起初，他们只在莲花洋里，夹杂在虾鱼蟹鳖中间，探头探脑地默默记诵。后来越听越有味道，便渐渐地靠近观

洞。到了第八十一夜，他们竟偷偷地爬到磐陀石附近的山坡上。吓得飞禽走兽飞的飞，走的走，引起一阵骚动。

这时，坐在磐陀石上的观音一眼看见了这两只海龟，知道是海龙王派来偷经的，不觉微微一笑，经念得越来越悦耳，越来越动听。两只海龟听得入了迷，走了神，敲四更没听到，敲五更还不动身，直到东方透红，观音离开了磐陀石，他们还在那里一动不动地听着。这是怎么一回事？原来观音一向主张"众生平等"，如今海龙王要海龟前来偷经，却是为了变个办法去制服水族，这与佛家的宗旨是相悖逆的。观音当然不能让他这么做，于是在念经之时，略施小术，悄悄地将海龟点住

观音像
丰子恺　画

了穴。从此，这两只海龟，一只伸着脖子，一只抬着头，一直保持着这个模样，再也不能动弹了。

海龙王和龟丞相满怀喜悦地在水晶宫坐等，可是等啊，等啊，始终不见偷经的海龟回去。他们哪里知道，二龟早已僵化成石头了！

这是一则典型的"风物"传说，解释了形似海龟的两块石头的来历，在全国各地的风景名胜区常常流传这一类传说。

观音的道场和著名观音景观

## |观音的道场和著名观音景观|

"道场"是梵文"菩提曼拏罗"的意译，是指佛菩萨成道的地方。还有修行学道的场所、寺院、法会等含义。

观音菩萨的道场，据研究在世界范围内主要有四处。一处在印度，即《华严经·入法界品》所记载的南印度海上的一个岛屿，名叫普陀洛伽山。一处在日本那智山。还有两处在中国：其中一处是西藏拉萨的布达拉宫，另一处是浙江东部的普陀山。普陀山因为是观音菩萨道场而成为中国佛教四大名山（另三处是文殊菩萨的道场山西五台山、普贤菩萨的道场四川峨眉山、地藏菩萨的道场安徽九华山）之一，也是国内观音菩萨道场和景观中最为著名的。

而在国内，随着观音菩萨信仰的传播，在很多地区都出现了供奉观音菩萨的庙宇，甚至很多庙宇也说此处

|拉萨柳吾寺内千手千眼观音像|

是观音菩萨的道场，基本上是采用了修佛传道场所的意思，而非成道之意。下面介绍几个比较著名的观音道场和观音景观。

### 浙江普陀山

普陀山是舟山群岛中的一个小岛，面积十二万多平方公里，原名小白华。小岛南北狭长，由南至北，有锦屏山、光游峰、伏龙山、雪浪山、青鼓山等，其中最高的是岛北的白华顶，现在也叫佛顶。浙东的古方志记载，秦始皇就曾莅临宁波，眺望海中的舟山群岛，把云雾中的岛屿当成了仙山蓬莱，听信徐福之言，派遣三千童男童女随其求取长生不老之药。故此，该岛被叫作"梅岑岛"，岑指小而高的山。可见，很早的时候，该岛就称得上是海上仙山、洞天福地了。随着佛教传入中国，

普陀山观音像

因佛经上有"观音居普陀洛伽山"的说法，即借用"普陀"来命名此山，逐渐成为佛教名山、观音道场。

那么普陀山为何会成为国内众多观音道场中唯一被认为是观音菩萨成道之所的呢？据说有一个印度僧人，于唐大中元年（847年）来到普陀山，自燔十指，在潮音洞中亲眼见到观音菩萨现身说法，于是就地造房，并传此岛为观音菩萨显灵之地。过了近70年，日本高僧慧锷，于五代后梁贞明二年（916年）从五台山请观音像回日本，船至普陀山，为大风所阻。相传慧锷祈请观音菩萨，得到不肯去日本，愿意留中国的灵示，于是他就在普陀山潮音洞前的紫竹林内，建造了"不肯去观音院"，这是观音道场的开基。有人考证，慧锷创建"不肯去观音院"，应为唐咸通四年（863年）。

自第一所寺院建立以后，宋元明清四朝，普陀山上寺塔楼阁历经数代人修建，遍布全岛。民国年间，岛上有八十八所庵院，一百二十八处茅棚，僧众盛时达三四千人，真个是"见舍皆庵，遇人即僧"，"无处不供观音，无人不说慈悲"，俨然"海天佛国"。近现代以来，普陀山逐渐成为中国佛教最大的国际性道场，尤其是每年农历二月十九日观音诞辰日、六月十九日观音得道日、九月十九日观音出家日，四方信众聚缘佛国，甚至日本、朝鲜及东南亚的佛教徒都不远千里，跨海而来，到此朝拜观音菩萨。

普陀山作为观音道场，庙宇众多，其中以普济、法雨、慧济三寺最为引人注目，号称"普陀三大寺"。这"三大寺"规模十分宏大，是清初建筑群的典型代表。此外，岛上还有潮音洞、梵音洞、紫竹林、南天门、西天门、千步沙、盘陀石、二龟听法石等多处名胜。普陀山洞幽

| 敦煌绢画观音菩萨像 |

岩奇，风光秀丽，既是佛教道场，也是游览避暑胜地。很多名胜古迹都有着与观音相关的美丽传说。

### 福建南普陀

南普陀寺在厦门岛南部五老峰下。始建于唐代，为闽南佛教圣地之一。寺内天王殿、大雄宝殿、大悲殿建筑精美，雄伟宏丽，各殿供奉弥勒、三世尊佛、千手观音、四大天王、十八罗汉等。藏经阁珍藏佛教文物丰富多彩，有经典、佛像、宋代铜钟、古书等，明万历年间血书《妙法莲花经》和何朝宗名作白瓷观音等最为名贵。寺宇周围保留众多题刻，著名的有明万历陈第、沈有容题名石刻和清乾隆御制碑。寺后崖壁"佛"字石刻，高一丈四尺，宽一丈。寺后五峰

屏立，松竹翠郁，岩壑幽美，号"五老凌霄"，是厦门八大景点之一。

### 贵州西普陀

贵阳西普陀寺，原名白云寺，始建于康熙六年（1667年）以前，迄今已有三百余年历史。

2005年秋，藏青法师在政府相关部门的支持下，以及十方大德和社会各界人士的帮助下，动工恢复这一著名的古寺。为彰显观音菩萨之大慈大悲，使观音菩萨东、南、西、北四大道场得以圆满，征得政府领导及广大信众同意，将白云古刹定为观音菩萨道场——并定名为西普陀寺，黔中四众踊跃欢喜。

### 辽宁北普陀

锦州北普陀山，占地数万顷。集奇洞、妙佛、圣泉、

清代铜鎏金四臂观音像

辽代十一面观音像

辽宁滴水观音像

宝树于一体。南望沧海，北观太极，紫气东来，福荫无边。它是观音菩萨显化的道场，实为洞天福地，人间圣境。共有九大景区五十多处景点，被定为国家AAA级风景名胜区，每年接待海内外游客达百万人次。

景区内的滴水观音是辽西地区最大的观音站像，高达二十五米，人称辽西第一大佛。观音洁白如玉，临风杨枝，尽洒圣水，向善向美。

## 海南南山寺

海上观音位于海南三亚市南山风景区，1993年中国国务院宗教局和海南人民政府批准兴建南山寺，并在寺前的海中塑108米高的观音像。此像由海南三亚南海海上观音功德基金会发心敬建，三尊化一体，巍峨壮观，乃世界造像之最，被称为"世界级、世纪级"的佛事工程。

中国佛教协会时任赵朴初会长为圣像题名——"南海海上观音"。1999年，农历九月十九日，南山隆重举行了"南山海上观音"敬造工程开工典礼。工程历时6年，于2005年4月15日建成，2005年4月24日（农历三月十六日，准提菩萨诞辰日）举行盛大开光仪式。

海上观音由观音金身、佛光、千叶宝莲、紫檀木雕须弥底座四部分组成，高度108米，耗用黄金100多公斤、120多克拉南非钻石、数千粒红蓝宝石、祖母绿、珊瑚、松石、珍珠及100多公斤翠玉等奇珍异宝，采用中国传统"宫廷金细工"手工艺制造。观音金身由200多片平均厚度1.2毫米的金片经手工敲打成型，再焊接而成。由于运用了不同的工艺处理方法，从而使金像产生了不同的色彩与质感。观音圣像为正观音的一体化三尊造型，一面手拿莲花，另一面手拿经书，还有一面手拿佛珠，宝相庄严。海上观音像比美国的自由女神像还要高15米，是世界上最大的观音像。

### 广东观音山

广东观音山国家森林公

园是国家林业局批准成立的全国首家民营国家级森林公园，位于东莞市樟木头镇境内，园区总面积18平方公里，森林覆盖率达99%以上，是集生态观光、娱乐健身和宗教文化为一体的国家级AAAA旅游景区，被誉为"南天圣地、百粤秘境"。

相传，观音山为大慈大悲观世音菩萨初入中土时首

| 民间收藏的观音画像 |

处停留之所，其山顶为观音古寺，始建于盛唐，古寺因有观音菩萨幻化36法身之说，故千百年来，青灯不熄，香火不断。

观音山国家森林公园建成时，择极具灵气的花岗岩，靠人工雕琢，历时三年，净高33米，重达3000多吨的世界最大花岗岩观世音菩萨圣像。圣像雄踞观音山顶，端坐须弥莲座之上，头戴宝冠，身着天衣，肩披帔帛，胸饰璎珞，左手持净瓶，右手结无畏金刚印，古朴典雅，栩栩如生，是不可多得的极具盛唐风采的石雕艺术精品。目前，观音寺已初现百年前古寺景象，大悲殿、财神殿、古鼓楼、古钟楼等已建成，于观音山间小径漫步，经常可以遇到身穿袈裟

的僧人，美丽的自然风光和浓郁的佛境气氛，使观音山成为了民众追求精神享受、消除红尘烦恼的乐园，也被国内外游客赞誉为"崛起中的中国第五大佛教名山"。

### 四川广德寺

广德寺、灵泉寺同属四川省遂宁市城郊两大寺庙，相距仅3公里，都为著名的观音道场。遂宁市自古流传着"观音菩萨三姐妹，同锅吃饭各修行，大姐修行在灵泉寺，二姐修行在广德寺，唯有三姐修行的远，修行在南海普陀山"的传说。广德寺、灵泉寺作为观音的道场，香火兴旺，声名远播，被民间誉为"中国观音故里"。每年观音菩萨的生日、得道日、出家日，广德寺和灵泉寺都有大批信众自发组织开展以观音民俗文化为主题的香会，其规模全国罕见。周围数省及周边六七十个县，甚至部分东南亚国家和地区的信众慕名前来朝山进香，人数近百万人。

广德寺开山鼻祖克幽禅

遂宁广德寺内观音像

师，按敦煌文献中佛教经典《历代法宝记》翔实记载，系禅宗在蜀地派系中的第五代传人，是唐中宗的孙子，武则天的重孙。克幽禅师佛学精妙，两度被引入宫讲经说法，被封为护国禅师。广德寺曾主领川、滇、黔三百余山，获唐、宋、明朝皇帝十一次敕封，被誉为"西来第一禅林"，有全国罕见的珍贵文物"圣旨坊"和北宋真宗皇帝所赐"敕赐广利禅寺观音珠宝印"一颗及明朝皇帝所赐的"敕赐广德禅寺"玉印，代表着各朝对广德寺观音道场的皇权确认。同时，遂宁是被称为中国"观音故里"，更得到了中国佛教界认可。广德寺前山门的牌匾"西来第一禅林"、灵泉寺前山门岩壁上的"观音故里"是中国佛教协会前任会长赵朴初亲笔题写；广德寺莲花

|遂宁广德寺
牌坊|

68

广场入口牌坊所书的"观音道场"四个禅味十足的大字是原中国佛教协会会长一诚大和尚所题。2008年，中国文联、中国民协命名遂宁为"中国观音文化之乡"。

### 河南香山寺

河南平顶山香山寺是汉化观音即千手千眼观世音的得道正果之地，观世音菩萨的俗身妙善就是在此修成正果的，应化之形是千手千眼观世音，民间称之"大慈大悲千手千眼观世音菩萨"。如上文所说，观音文化传入中国后，经历了一个漫长的汉化过程，至唐宋时基本上完成。因观世音菩萨神通广大、法力无边，在中国民间神祇信仰中有着崇高的地位，其影响力甚至超越了其他一切诸神。汉化过程完成

的标志就是唐代佛教宗师道宣获天人感应，揭示了观音肉身应化之地在平顶山香山这一佛教史实。道宣大师明确认定："观音示现无方，而肉身降迹唯香山因缘最为胜"，"嵩岳之南二百里，三山并列，中为香山，即菩萨成道之地"。

此外，还有中国最早的

| 河南平顶山香山寺千手千眼观音像 |

| 荣成石岛赤山观音像 |

| 藏传佛教画像中的四臂观音画像 |

观音道场——昆明圆通寺、藏传佛教的观音道场——拉萨布达拉宫等等著名观音道场和景区。

除了在寺庙、景区等公共场所供奉观音像外，很多民众也会在自家供奉观音像，祈求得到观音菩萨的保佑。

观音菩萨自印度传入中国后，成为中国老百姓信仰世界中重要的信仰对象，并且在传播的过程中出现了适应中国百姓精神信仰生活的本土化的变迁，如形象的女性化、与儒道的交融、观音事迹的传说化、景观化等等。

## 图书在版编目（CIP）数据

观音 / 衣晓龙编著 ；黄景春本辑主编. — 哈尔滨：黑龙江少年儿童出版社，2021.10（2022.7 重印）
（记住乡愁 ：留给孩子们的中国民俗文化 / 刘魁立主编. 第十辑，民间信俗辑）
ISBN 978-7-5319-6691-3

Ⅰ. ①观… Ⅱ. ①衣… ②黄… Ⅲ. ①观音—信仰—民间文化—中国—青少年读物 Ⅳ. ①B949.92-49

中国版本图书馆CIP数据核字(2021)第219433号

记住乡愁——留给孩子们的中国民俗文化　　　　刘魁立◎主编

第十辑 民间信俗辑　　　　　　　　　　　　　黄景春◎本辑主编

观音 GUANYIN　　　　　　　　　　　　　　　衣晓龙◎编著

| | |
|---|---|
| 出 版 人：张　磊 | |
| 项目策划：张立新 刘伟波 | |
| 项目统筹：华　汉 | |
| 责任编辑：李　昶 | |
| 整体设计：文思天纵 | |
| 责任印制：李　妍 王　刚 | |
| 出版发行：黑龙江少年儿童出版社 | |
| 　　　　　（黑龙江省哈尔滨市南岗区宣庆小区8号楼 150090） | |
| 网　　址：www.lsbook.com.cn | |
| 经　　销：全国新华书店 | |
| 印　　装：北京一鑫印务有限责任公司 | |
| 开　　本：787 mm×1092 mm　1/16 | |
| 印　　张：5 | |
| 字　　数：50千 | |
| 书　　号：ISBN 978-7-5319-6691-3 | |
| 版　　次：2021年10月第1版 | |
| 印　　次：2022年7月第3次印刷 | |
| 定　　价：35.00元 | |